AF193683

Círculo Rojo

2020
Diario de un confinamiento

2020

Diario de un confinamiento

Pilar Mosquera Barros

Círculo Rojo
EDITORIAL

Primera edición: septiembre 2025

Depósito legal: AL 5804-2025

ISBN: 979-13-7016-373-0
Impresión y encuadernación: Editorial Círculo Rojo

© Del texto: Pilar Mosquera Barros
© Maquetación y diseño: Equipo de Editorial Círculo Rojo
© Ilustración de cubierta: Alicia Abril, Círculo Rojo

Editorial Círculo Rojo
www.editorialcirculorojo.com
info@editorialcirculorojo.com

Impreso en España - Printed in Spain

Editorial Círculo Rojo apoya la creación artística y la protección del copyright.
Queda totalmente prohibida la reproducción, escaneo o distribución de esta obra
por cualquier medio o canal sin permiso expreso tanto de autor como de editor, bajo
la sanción establecida por la legislación.
Círculo Rojo no se hace responsable del contenido de la obra y/o de las opiniones
que el autor manifieste en ella.

El papel utilizado para imprimir este libro es 100% libre de cloro y, por tanto, **ecológico**.

A mis padres, a mi hijo y a toda mi familia, sin cuyo cariño y apoyo el confinamiento del Coronavirus hubiera sido mucho más duro de llevar.

Y a los amigos, siempre activos en los mensajes del móvil.

Hay una frase de John Lennon que dice así:

"la vida es lo que te va pasando mientras tú te empeñas en hacer otros planes".

Creo que define bien lo que nos tocó vivir con la pandemia del Covid. Nadie esperaba que nos confinaran y nos aislaran en casa.

...Querer, imaginar, soñar, compartir, sentir, amar... Ahora, y para siempre

Primer día de confinamiento

Marina Quiroga se despertó aquella mañana del mes de marzo un poco antes de las 8. Estirada aún en la cama de la habitación de invitados de la casa de su madre, miraba el techo y pensó que podría dormir un poco más. Pero a pesar de cerrar de nuevo los ojos y dar una vuelta hacia la derecha primero y después otra hacia la izquierda y volver a mirar la pantalla del móvil para ver la hora, decidió que mejor se quedaba en la cama una hora más. Era el primer día oficial del confinamiento por el coronavirus y el Gobierno, presidido por el socialista Pedro Sánchez, había decretado el estado de alarma en toda España. Debido a la pandemia de este virus tan peligroso como desconocido en su tratamiento y prevención, se obligaba a la gente a permanecer en sus casas sin saberse cuánto tiempo duraría aquella situación.

El 15 de marzo marcó el inicio de la reclusión en todo el país. Marina Quiroga, que vivía en Barcelona, estaba en casa de su madre, Adriana, desde el sábado. Alejandro, su hijo, la había llamado para decirle que preparara una bolsa con algunas cosas imprescindibles porque creía que debía irse a casa de la abuela enseguida, que iban a cerrar todo y que las medidas contra el coronavirus se iban a imponer a toda la población.

—Así estaréis juntas y os acompañáis la una a la otra —le dijo.

Marina vivía en un piso que mantenía desde que se casó y cuando años después se separó de su marido y su hijo ya había nacido continuó viviendo allí. Pero con el paso del tiempo Alejandro se había ido a vivir con su novia y hacía ya dos años que ella vivía sola.

Mientras Adriana aún dormía Marina desayunó viendo las noticias en la televisión. Una sensación de estar viviendo algo excepcional inundó sus pensamientos. Las palabras que decían los responsables gubernamentales sobre el coronavirus no eran buenas y señalaban continuamente la necesidad de quedarse en casa, no salir más que a tirar la basura, a la farmacia o a comprar alimentos. Repetían constantemente en los espacios informativos que las medidas higiénicas eran muy importantes, así como lavarse las manos a menudo y utilizar gel hidroalcohólico. Marina nunca había vivido nada parecido y su ánimo se encontraba a la expectativa de cómo iban desarrollándose los acontecimientos.

Después de desayunar y mientras Adriana todavía dormía, se dispuso a hacer media hora de bicicleta estática que su madre tenía en un rincón del comedor.

«Me pondré a pintar un rato», pensó la hija mientras se daba una ducha una vez acabada su sesión de bicicleta. Hacía apenas unos meses se había jubilado y había retomado su afición por la pintura.

Marina Quiroga dispuso las cosas de pintar sobre la mesa del comedor. A principios de año se había apuntado a las clases de un taller de pintura en un centro cívico de la ciudad; hasta entonces, no había podido dedicarle mucho tiempo, ya que había trabajado muchos años como funcionaria después de ganar una oposición a la Administración autonómica. De su casa había llevado a casa de su madre un par de lienzos, una libreta de hojas grandes especial para dibujo y todos los bártulos necesarios: pinceles, espátula, tubos de pintura acrílica… Y se puso a pintar cogiendo la idea de una fotografía: un paisaje. Un par de horas sumergida en esta actividad alejaron por momentos a Marina de la realidad. Hasta que fue a despertar a Adriana, le preparó su desayuno y vieron las noticias de la televisión juntas comentando las informaciones que se estaban dando de los contagios y las muertes por coronavirus.

De esta manera fue transcurriendo el tiempo casi sin que se dieran cuenta de que ya era la hora de comer. Aquel día tomaron una comida a base de macarrones. Mientras, el coronavirus estaba como tema único en todas las cadenas televisivas, donde se comentaban las medidas tomadas por el Gobierno. El móvil de Marina no paraba de sonar con los mensajes de sus diferentes grupos de WhatsApp; algunos mensajes en serio, con recomendaciones para evitar el contagio del virus, pero otros wasaps eran en tono de humor mostrando situaciones cómicas. Entre las más divertidas se encontraban las que comentaban las cantidades de rollos de papel higiénico que la gente estaba comprando para hacer acopio de ese producto, llegando a quedar vacías las estanterías.

—¡Ay, por Dios! —había exclamado la madre sorprendida al ver las imágenes de la gente en las colas de los supermercados llevando en sus carritos dos o tres paquetes grandes de rollos de papel higiénico.

—Sí, parece que es el producto más solicitado —le contestó Marina.

Una vez vistas y comentadas las últimas noticias del mediodía, Adriana se fue a echar su siesta acostumbrada. La tarde pasó lentamente. Marina estuvo hablando por el móvil con su hijo y conversando también con algunos amigos, no sin dejar de consultar los wasaps que continuamente recibía. Todo lo que estaba pasando le parecía surrealista y, sin embargo, estaba preocupada, no le gustaba lo que oía en las noticias, todo le resultaba extraño e impredecible.

Además, madre e hija a las 8 de la tarde, la hora indicada por los medios de comunicación y las redes sociales, se pusieron a aplaudir en la ventana abierta. Escuchaban cómo en tantos otros balcones y ventanas también aplaudían. La consigna era que así la población agradecía la gran labor y el esfuerzo que estaban haciendo los profesionales sanitarios en los hospitales, tratando a los enfermos de coronavirus, aun teniendo poco equipamiento de protección frente a la enfermedad y en muchos casos vistiéndose con batas improvisadas de plástico y apenas sin mascarillas.

De noche, un silencio total lo envolvía todo y no se oía absolutamente nada. Las calles estaban vacías, solo muy de vez en cuando pasaba algún coche. Marina Quiroga observó cómo en la oscuridad brillaban las luces de las ventanas de los edificios de enfrente. Todo el mundo estaba en sus casas y el escenario de lo que veía le pareció el de una de esas películas apocalípticas americanas donde se ven las calles vacías y la música de fondo anuncia que algo extraño y desconocido está a punto de pasar. Entonces, solo el sonido de una llamada en el móvil rompió el silencio. Eran las hermanas y el hijo de Marina, que se asomaban en la pantalla en una videollamada de WhatsApp a cuatro. Se vieron y hablaron durante un rato. Adriana se esforzaba en recogerse el cabello para verse mejor, al tiempo que manifestaba su necesidad de teñirse en la peluquería, pero que no sabía cuándo podría volver a ir. Eso de la videollamada en grupo familiar le había gustado.

Pronto Marina se dio cuenta de que las sensaciones que se entremezclaban en ella sin saber cómo nombrarlas daban paso a una incertidumbre borrosa, poco clara, donde el exceso de noticias espantosamente reales y tristes con todo lo que estaba sucediendo no dejaban sitio a otros pensamientos. La noche, el silencio, las luces esparcidas por tantas ventanas, la calle desértica, todo la hacía sentir pequeña y solitaria.

En la soledad de su habitación, aquella noche extrañamente melancólica, no pudo evitar que los recuerdos de otras épocas se pasearan por su imaginación. Recordaba, sí, y tuvo la sensación de tener algunos sentimientos olvidados en un rincón… Ella sabía que en su interior esos momentos de encuentro consigo misma no le molestaban. Le hacían recordar cuando era joven y desde su habitación imaginaba cómo sería el amor; cómo sería sentir el calor de un beso, de un abrazo, de un susurro sentido muy cerca, muy cerca, de la persona deseada, de la persona amada.

Pero el tiempo desde entonces había pasado y Marina, aunque sentía cierta nostalgia de aquella juventud, prefería mirar hacia el presente para ver cómo estaban las cosas después de tantos años metida en su rutina laboral y vital. Y el confinamiento invitaba a hacerlo.

Segundo día del confinamiento

El segundo día del confinamiento amaneció como si nada. Después de sus rutinas matutinas, Marina ayudó a su madre a lavarse el pelo en la ducha. Adriana había perdido agilidad y movilidad con los años y aunque todavía se lavaba ella sola y se vestía, todas estas rutinas diarias le suponían un gran esfuerzo que la dejaban cansada durante un buen rato. Su hija pudo ponerle los rulos en el pelo tal como ella quería y cuando al sacárselos se vio mejor en el espejo, su ánimo, algo bajo, mejoró. Adriana entonces se sentó en la mesa del ordenador a ver correos atrasados y a escuchar música en los vídeos musicales de YouTube.

De nuevo Marina se puso a pintar para continuar con el cuadro que tenía empezado y a medio hacer. Solo interrumpían su tranquilidad los sonidos de los móviles cuando llamaban familiares o amigos, con los que conversaban durante un rato del coronavirus y las medidas que había tomado el Gobierno.

Su hijo Alejandro seguía enviando wasaps protestando porque él creía que se tenía que cerrar Madrid, ya que la mayor parte de contagios se estaban dando allí. Él estaba todo el día en su casa trabajando. Su trabajo como ingeniero informático le ocupaba todas las horas.

Entre las llamadas que recibió Marina estaba la de una amiga que trabajaba como guía turística.

—Me he quedado sin trabajo para esta Semana Santa porque los viajes que tenía programados se han anulado —le dijo.

Para Marina Quiroga, la noche, cuando ya se había acostado su madre, era un momento de introspección, de estar consigo misma y sus pensamientos, propiciados por el silencio. Dieron las 23:30 y Marina, sin ganas de ver la televisión, la apagó. Durante todo el día había estado lloviendo. Adriana le había dicho a su hija que aquella lluvia persistente le recordaba a Santiago de Compostela, donde ella había nacido y donde tantas veces en su juventud había paseado por sus calles mojadas y bajo los soportales de las diferentes Ruas. Porque Adriana, a pesar de llevar bastantes años viviendo en Barcelona, siguió sintiendo siempre esa "morriña" por su tierra gallega.

—No salgo a la calle más que a tirar la bolsa de basura. Los medicamentos nos los traen de la farmacia y hago pedidos al súper a través de internet —le había dicho Marina a su amiga Ester por teléfono cuando la llamó para ver cómo estaba—. Nos dejan las bolsas con todos los productos en la puerta de casa. A partir de ese momento comienza todo el ritual para desinfectar los paquetes, lo limpio todo pasándoles una bayeta mojada en agua y lejía. Todas las medidas de higiene son necesarias.

Tercer día

Había que hacer limpieza y Marina, provista de los utensilios necesarios, se puso a limpiar la casa barriendo, fregando, limpiando el polvo… No le quedaba más remedio, pues la señora de la limpieza que solía ir a casa de su madre todas las semanas había dejado de ir por el confinamiento.

A continuación se dispuso a hacer su media hora de bicicleta estática. Mientras sus amigas le enviaban mensajitos, también sus hermanas le enviaban enlaces de YouTube con tablas de ejercicios de estiramientos y gimnasia para hacer en casa.

Alejandro fue ese día a casa de su abuela, aunque no pasó de la puerta de entrada. Había ido a comprar carne, fruta y pan, que le había encargado su madre por teléfono. Llegó con la mascarilla puesta y los guantes desechables. Dejó las bolsas en el suelo, en el recibidor, y se fue corriendo. Nada más, ni besos ni abrazos. Las precauciones eran necesarias porque se decía que el virus podía transmitirse por la cercanía entre las personas o por el aire. Todo eran conjeturas y la gente escuchaba lo que decían los programas informativos y a Fernando Simón, portavoz del Ministerio de Sanidad contra la pandemia. Simón también era director desde 2012 del Centro de Coordinación de Alertas y Emergencias Sanitarias. En su comparecencia diaria en la televisión sobre el desarrollo del virus, recordaba a todo el mundo día sí y otro también que debían extremarse las medidas de seguridad e higiene contra la pandemia.

Ya de noche, en casa de la madre de Marina solo se oía la voz de un locutor de la TV informando de los últimos acontecimientos. Al parecer, el Gobierno había aprobado una serie de medidas económicas en la lucha contra el coronavirus. Doscientos mil millones de dinero público para frenar el impacto económico de esta pandemia, temiendo la caída de la actividad económica. Aunque, según la televisión, los sindicatos habían manifestado su disconformidad con que el Gobierno se hubiera olvidado de los autónomos, que pedían no tener que pagar las cotizaciones…

Por lo demás, el día a día transcurría dentro de la casa con las rutinas de siempre. Adriana y Marina habían comenzado una serie de Netflix y cada noche solían ver, al menos, un capítulo.

Cuarto día

Aquella mañana, Adriana estaba preocupada y así se lo comunicó a su hija. Dudaba de que pudiera ir a la boda de Alejandro, que tenía fecha para casarse el 25 de septiembre en la ermita de un castillo, cerca de un acantilado en el pueblecito costero de Altafulla, en la provincia de Tarragona, en Cataluña. Con el confinamiento, las bodas quedaron prohibidas y la familia quedó a la expectativa de ver qué ocurriría con ese tema. Para Adriana, que andaba baja de tensión y lo veía todo muy complicado, que no estaba para andar, que se cansaba mucho por poca cosa que hacía, ya fuera tener que ducharse, vestirse, ni cocinar siquiera, la boda de su nieto era una esperanza que la pandemia había paralizado, y no se sabía cómo estaría la situación para esa fecha.

Alejandro, aquel día, les llevó a las confinadas unas bolsas de naranjas para hacer zumos. Llevaba puesta la mascarilla y los guantes, y no pasó de la puerta de entrada. Antes se había acercado por la casa de su madre, Marina, para poner comida a Casper, el gatito. Durante la tarde, Marina siguió recibiendo más wasaps de los diferentes grupos con los que estaba conectada, estando especialmente activo el grupo de amigas del colegio.

También empezaron a hacer videollamadas con las hermanas y el hijo de Marina, poniéndose en contacto todas las tardes a través de vídeo de WhatsApp para comprobar que estaban bien, además de comentar todo lo que estaba pasando.

Por la noche, de nuevo seguían viendo la serie de Netflix tranquilamente.

Quinto día

Marina estuvo pensando en su jubilación.

«Hace apenas unos meses que me he jubilado y se me hace raro no levantarme a las 6:30 de la mañana. Cuando trabajaba, a las 7:30 tenía que estar en la parada del autobús, que me llevaba por la Gran Vía de Barcelona desde la plaza Tetuán hasta casi la plaza de España. Un recorrido largo en un autobús atestado de gente. Antes de la fecha de mi jubilación pensaba en todo lo que podría hacer a partir de ese momento; creía que ganaría la libertad de disponer de mi tiempo como quisiera, pero ahora, con la pandemia, todo eso ha quedado en el aire. ¡Nada me hacía imaginar entonces lo que iba a pasar con el coronavirus! Y entre las cosas que más me apetece hacer es pintar. Para eso me apunté a un taller de pintura en un centro cívico, motivándome a continuar con esta afición.»

Pero el taller se había tenido que suspender sin saberse cuándo podría volver a realizarse. Con el profesor siguieron en contacto por *e-mail*, ya que él iba enviando propuestas y fotos para poder pintar en casa durante el confinamiento.

Marina se ponía a pintar a menudo, aunque no todos los días tenía ganas de hacerlo. Un día sí, otro no; a veces le costaba coger los pinceles. «No sé si eso les pasa a otras personas que pintan», pensaba.

Otra actividad fue seguir con las clases de inglés que había empezado meses atrás de manera presencial en una academia de la ciudad. Aunque ahora las clases eran *online* utilizando la aplicación Zoom para videollamadas. Ella asistía a su encuentro virtual con la *teacher*, quien daba clase por el ordenador un par de días a la semana, cuando todos los participantes se conectaban. Era curioso ver como esta modalidad de aprender se estaba implantando y aunque requería más atención que una clase presencial, se aceptaba fácilmente.

Con el paso de los días una sensación ambivalente se instaló en Marina Quiroga. Por un lado estaba tranquila y parecía que llevaba bastante bien el confinamiento pero por otro lado estaba nerviosa y pensaba que le había tocado vivir aquella pandemia en un momento de su vida en que se le habían abierto nuevas posibilidades vitales, teniendo en cuenta que hacía apenas unos meses se había jubilado después de muchos años trabajando, no solo como funcionaria de la Administración, sino también como periodista. Había estudiado Periodismo en la Universidad Autónoma de Barcelona y desde entonces le gustaba escribir, otra de sus aficiones que había querido retomar. A veces recordaba cómo, debido a la crisis económica de finales de los años 80, se había quedado sin el trabajo que como auxiliar de redacción ejercía en el conocido diario de Barcelona. En aquellos años fue difícil volver a encontrar trabajo fijo en algún medio de comunicación, así que Marina solo pudo hacer colaboraciones puntuales en algún periódico o revista especializada. Fue debido precisamente a esta situación de inestabilidad económica lo que la hizo optar por preparar oposiciones, que ganó después de más de un año y medio acudiendo a clases preparatorias, donde tuvo que estudiar muchos temas de derecho administrativo a los que no estaba acostumbrada, temas que le parecían pesadísimos, pero que finalmente la llevaron a aprobar la oposición. Desde el año 1992, año de su toma de posesión, se convirtió en una funcionaria. Para entonces, ya había nacido su hijo Alejandro y acababa de separarse de su marido.

En una situación como la que se estaba viviendo, el cobro puntual de la pensión de su jubilación le proporcionaba a Marina una tranquilidad que en otras circunstancias seguramente no habría tenido. A veces recordaba cuando años atrás había acabado su carrera de Periodismo y no tenía más que incertidumbre a la hora de buscar trabajo. Las circunstancias de la vida la habían llevado por otro camino y, al menos, después de todos sus años de vida laboral como funcionaria, sabía con certeza que cobraría una pensión a final de mes.

Sexto día

Alejandro se dirigió a casa de su madre para dar de comer al gato y hacerle compañía un rato. Le había dicho a Lidia, su novia, que vivía con él, que se quedaría durante toda la tarde y se llevaba el ordenador portátil para poder seguir trabajando allí. El coronavirus había hecho que se establecieran rutinas diarias: al salir de casa, mascarilla y guantes o botella pequeña de gel para ir limpiándose las manos, y al regresar, sacarse la ropa, ponerla en la lavadora y lavarla en caliente a 40 o 60 grados, dejar los zapatos en el recibidor y desinfectarlos con un producto idóneo. Después había que ducharse y volver a vestirse con ropa limpia.

Alejandro estaba empezando a pensar que lo mejor sería trasladar a Casper, el gatito, a su casa. Lidia, su novia, que estaba al tanto de la situación, se encontraba convaleciente de una operación de rodilla, pero no podía salir de casa para acudir al centro de rehabilitación debido al confinamiento.

Al atardecer, Marina había hablado con sus hermanas por videollamada de WhatsApp como solían hacer cada día. La pantalla del móvil se dividía en cuatro: en una estaba Luisa, la hermana mediana; en otra estaba su hijo, Alejandro, con su novia, Lidia; en otra María, la pequeña, que a veces aparecía con Carlos, su marido, mientras que Marina y su madre ocupaban la cuarta pantalla. Las conversaciones giraban en torno al comentario de alguna nueva noticia sobre la situación en los hospitales, la falta de mascarillas en muchos lugares, las actuaciones del Gobierno al respecto…; pero también y sobre todo comentaban cosas del día a día, cotidianas, y aspectos familiares particulares.

Marina Quiroga seguía pintando. A veces por la mañana, otras por la tarde, un rato, sin agobiarse. Ella sentía que los días se le iban volando entre los quehaceres domésticos diarios como limpiar, hacer la colada, colgar la ropa, hacer las habitaciones, practicar media hora con la bicicleta y hacer que su madre hiciera al menos diez o quince minutos también de bicicleta —le iba bien para la circulación porque se le hinchaban las piernas de caminar muy poco— y a duras penas cocinar, poner la mesa, recogerla, lavar los platos de la comida, estar a las 15:00 horas delante de la televisión para ver las noticias del mediodía y ver un capítulo de la serie que seguían en Netflix. El único momento de relajación era después de ver la serie, por la tarde. Entonces Adriana se iba a su habitación a echar una siesta y Marina podía quedarse relajada en el sofá del salón leyendo o dormitando un rato. Cuando su madre se levantaba, a veces se sentaba ante el ordenador que le habían enseñado a manejar para poder ver los correos de familiares y amigos, consultar su Facebook y ver vídeos de YouTube, generalmente de conciertos de piano o de música en general de sus compositores y cantantes favoritos que le enviaba su hermano que vivía en Madrid. La madre de Marina había sido educada en la cultura de la música clásica; no en vano había estudiado piano de niña y estaba acostumbrada a escuchar música en su casa de Santiago de Compostela, donde pasó toda su infancia y adolescencia junto con sus padres y hermanos. Su compositor favorito era Chopin, a quien solía escuchar casi cada día.

Los móviles seguían sonando a menudo. Los grupos de WhatsApp eran muy activos y enviaban continuamente mensajes, informaciones diversas, pero también vídeos de humor que muchas veces la hacían reír.

Séptimo día

«El confinamiento empieza a notarse en el ánimo de mi madre», pensó Marina aquella mañana. Adriana había tenido un poco de bajón y había estado diciéndole que le daba la sensación de que estaba desperdiciando los últimos años de su vida. Que no podía ver a sus otras hijas y a su nieto, y que dudaba que pudiera ir a la boda de Alejandro. Además, estaba preocupada porque se le hinchaban los tobillos por retención de líquido. Adriana caminaba poco, solo paseos por el pasillo; además hacía unos años le tuvieron que sacar un riñón, haciéndose obligada desde entonces la visita al médico cada seis meses para su revisión y control.

Marina volvió a pintar ese día. Un cuadro que había empezado y que iba pintando poco a poco. Su contacto con el exterior se limitaba a hablar con amigos por el móvil. Su amiga Yolanda la había llamado desde Madrid para preguntarle cómo se encontraba y decirle que ella estaba haciendo teletrabajo desde su casa. Comentaron que a Yolanda le quedaba poco tiempo para jubilarse, aunque le había dicho a Marina que, si tenía que quedarse en casa, creía que no lo aguantaría mucho porque a ella le gustaba salir, hablar con la gente, relacionarse…

También habló con su hijo y decidieron, finalmente, que él se llevaría el gatito a su casa, ya que no se sabía cuánto duraría el confinamiento y el animal no podía quedarse solo tanto tiempo.

Octavo día

Una vez realizadas las rutinas habituales durante la mañana, esto es, hacer bicicleta, desayunar, arreglar los dormitorios, limpiar, hablar por teléfono con el resto de la familia, preparar la comida, comer, recoger y ver las noticias de las 15:00 horas por la televisión, Adriana se fue a su cuarto a echar su siesta habitual, que solía durar hasta las 18:00 horas o más, dependiendo del día y de cómo se sintiera. Solía echarse en su cama y encender la televisión que tenía en su habitación. Durante un rato la miraba para después quedarse dormida.

Marina Quiroga se puso en contacto aquel día con un par de amigas por teléfono. Estuvieron charlando de la situación; ellas trabajaban todavía, trabajo de oficina, pero en dos empresas distintas. Una de ellas hacía teletrabajo desde su casa y la otra tenía que acudir presencialmente a su empresa.

Aquel día, Alejandro fue a buscar al gato para llevárselo con él.

Noveno día

De noche, Marina Quiroga estuvo pensando en las residencias de ancianos donde se encontraron muertos en sus camas a viejitos que, al parecer, después de contraer el virus, se habían tenido que ir de este mundo completamente solos. Los habían aislado en sus habitaciones y la falta de contacto humano con sus seres queridos era lo último que habían tenido que padecer. La situación de los ancianos en las residencias realmente merecía ser investigada. Marina pensaba que, probablemente, a muchas de las personas contratadas para cuidar ancianos no se les requería ninguna formación específica. Además, muchas residencias eran gestionadas por gente interesada en sacar un provecho económico y se descuidaban los cuidados necesarios a ancianos que pagaban, en muchas ocasiones, el importe de un sueldo entero o una pensión entera por poder estar allí. Y encima había listas de espera…

«Es indignante», pensaba Marina, y su ánimo se entristecía a pesar de no querer imaginarse la desolación y el horror con que aquellos ancianos de residencias habrían tenido que vivir sus últimos momentos en esta vida.

La madre de Marina se fue pronto a la cama aquella noche. Madre e hija habían tenido que llamar a un médico y por teléfono hicieron la consulta, ya que no se podían hacer visitas presenciales. El doctor especialista en riñón les había dicho: «Debe procurar caminar tres veces al día quince minutos». Pero las dos sabían que eso era algo improbable, ya que a Adriana le costaba caminar, se cansaba enseguida y se movía con mucha lentitud.

Por su parte, Alejandro, que había llevado el gatito a su casa, se había quedado dormido en el sofá al lado del animal, que extrañaba el lugar y se había despertado a las 4 de la mañana para darse un paseo por la casa e inspeccionar su nueva ubicación. Durante un buen rato estuvo el gato deambulando hasta volver a quedarse dormido a las 5 de la mañana, según le contó Alejandro a su madre.

En la videollamada familiar comprobaron que todos estaban bien. Marina intentó sin éxito pintar algo, seguir con el cuadro que tenía empezado, pero, como le ocurría a veces, no había encontrado el momento de ponerse tranquilamente delante del lienzo. El profesor del taller de pintura, que seguía teniendo escaso contacto con sus alumnos a través del correo electrónico, había vuelto a enviar una foto con pequeñas instrucciones para pintar desde casa y practicar con los colores. Además, él había colgado en Facebook la foto de unas camisetas que, al parecer, había pintado sobre la tela y que representaban a dos dragones enamorados, aunque la verdad era que Marina Quiroga pensaba que del tema del amor y las relaciones sexuales nadie decía nada, las informaciones y debates de los medios de comunicación no comentaban estos asuntos, y ella suponía que el coronavirus estaría siendo un impedimento, en algunos casos, para mantener relaciones íntimas.

Décimo día

Adriana, desde que había hablado con su médico del riñón, y ante sus recomendaciones telefónicas para evitar la retención de líquidos, se ponía a hacer diez minutos de bicicleta estática y caminaba un poco más por la casa. Su hija pensaba que al menos recorría el pasillo de lado a lado un rato. La casa estaba construida para tener un lado en un extremo, con el salón y el comedor y la cocina, y después de recorrer un largo y amplio pasillo, llegar a la otra parte, que daba a un amplio patio interior de casas, con los dormitorios y un baño. Era la construcción típica de las casas del denominado Eixample barcelonés, con un gran recibidor que albergaba las dos direcciones, a la derecha y a la izquierda del piso.

Las noticias sobre el coronavirus seguían siendo inquietantes. El gobierno de Pedro Sánchez, el líder socialista, perteneciente al partido del PSOE, había prolongado el estado de alarma 15 días, por lo que Marina había hecho un par de pedidos grandes al supermercado por medio de la venta *online*, aunque las naranjas de zumo empezaban a escasear, así como el café y otros productos de primera necesidad que se iban acabando poco a poco con el consumo diario.

—Intenté hacer un pedido al supermercado de El Corte Inglés —le había dicho Marina a su hijo por teléfono—, y después de un buen rato seleccionando los productos en la pantalla del ordenador, resulta que no he podido concluir el pedido porque se abrió una ventana informativa en la pantalla diciendo que del 25 de marzo al 1 de abril estaba todo completo y ese período de días no podían aceptar más pedidos.

11 días

En el transcurso de la mañana Marina limpió los cuartos de baño y pasó la fregona por toda la casa, cambió las sábanas de las camas y sacó el polvo. Después desinfectó todos los trapos que había utilizado con agua y lejía antes de poner la lavadora. Al ir a tender la colada, se percató de que lloviznaba y se apresuró a cubrir la ropa tendida con un plástico. Después de dedicar toda la mañana a esos menesteres, cocinó unas alcachofas con trocitos de jamón y unas albóndigas. Adriana quedó satisfecha y comió bien.

Un rato, por la tarde, estuvo sentada en un sillón cerca de la ventana. El día era húmedo y gris. Había llovido, pero en aquellos momentos ella se estaba sumiendo en la nostalgia, pensando también en su hijo, que estaría en su piso con su novia y el gato pasando el confinamiento.

María, la hermana pequeña de Marina, que vivía fuera de la ciudad, había llamado por teléfono y les había dicho que creía que se había constipado, le dolía la garganta y estaba estornudando bastante. Les dijo que no tenía fiebre —uno de los síntomas del coronavirus—, por lo que creyeron que se trataba de un catarro. Entonces, cualquier síntoma de resfriado hacía saltar las alarmas, ya que habían informado de que el virus hacía perder el gusto y el olfato, provocaba fiebre y dolor de garganta, así como cansancio y otros efectos sobre el organismo.

12 días

El tiempo pasaba. Y los pensamientos de Marina se entrelazaban entre sí alternándose: de una resignación asumida hasta una preocupación latente. La gravedad de la situación que se estaba viviendo había paralizado a una sociedad de consumo hasta entonces viva y productiva. Mucha gente estaba padeciendo al dejar de consumirse todo a lo que habitualmente estaba acostumbrada. Con las tiendas, restaurantes y bares cerrados, el confinamiento en casa no dejaba lugar a que se pudiera salir. En un momento en que la nostalgia y sus pensamientos se entrecruzaron, Marina había estado observando durante la tarde, mirando por la ventana, cómo con el transcurso de las horas el atardecer iba imponiendo su presencia en el silencio y la soledad de las calles. Se preguntaba entonces si esos momentos eran de paz o de inquietud; si estar con uno mismo en aquella tranquilidad era beneficioso o, por el contrario, incitaba a la impotencia… También ella se cuestionaba su propia actitud ante aquellos hechos y se veía a sí misma partícipe de una sociedad que estaba obligada a dar una respuesta de civismo y serenidad a aquel confinamiento.

Las noticias no eran buenas. A madre e hija se les hacía espantoso escuchar que en las residencias se habían encontrado camas con ancianos muertos y que el personal que los atendía no era suficiente, por lo que clamaban más ayuda. Los hospitales estaban desbordados por enfermos de coronavirus y sin material necesario de mascarillas, guantes, batas, equipos de respiración…

Nunca como hasta aquellos días Marina Quiroga había sentido el silencio en la ciudad y durante tanto tiempo. Escuchaba el silencio, porque esa era la sensación que tenía. Y comprendió lo que debía haber sido en siglos anteriores, cuando no existía el tráfico de las calles, ni la televisión, ni la radio, ni ningún otro medio de comunicación que no fuera el boca a boca. Marina pensaba que entonces la gente debió sentir la necesidad de hacer algún tipo de ruido acompasado, por lo que se creó la música como una manera de llenar ese silencio inmenso. Con el sonido de las voces y de los diferentes instrumentos que se habían ido inventando, descubriendo y creando, la sensibilidad humana se mostraría de acuerdo para jugar con ese silencio infinito. Hacer que el espacio se cubriera de sonidos armoniosos debió ser una necesidad, algo que devolviera al corazón humano los sentimientos y sensaciones ocultos que con tanta angustia y desasosiego sentían. Poder expresar esto a través de los sonidos, de la invención de la música, debió ser uno de los descubrimientos más importantes de las épocas antiguas.

13 días

Para variar un poco las conversaciones, Adriana y Marina habían estado hablando de cosas del pasado. Tuvieron una conversación tranquila y distendida. Hablaron de los veranos en Roxos, un pequeño pueblo cercano a Santiago de Compostela donde la abuela de Adriana y bisabuela de Marina tenía una casa con un pazo, una construcción típica de Galicia, y donde tenían cerdos, gallinas, árboles frutales… La madre le explicaba a su hija que el personal del servicio que tenían entonces, cuando la familia disfrutaba de una buena situación económica, solía recoger cestos llenos de manzanas de los árboles esparcidos por el campo de su propiedad, llevándolas a triturar y centrifugar en máquinas especiales. El zumo de esta fruta era la refrescante bebida con que acompañaban las calurosas tardes del verano. Adriana también explicó a su hija lo mucho que le gustaban las naranjas desde su más tierna infancia. Según le dijo, las cortaba por la mitad y se dedicaba a chupar el jugo, aunque a ella también le gustaba hacerles un agujero, y por allí las succionaba a placer de tal manera que alrededor de la boca le salió una mancha naranja difícil de quitar.

Alejandro, por su parte, había conseguido hacer un pedido de productos alimenticios en el supermercado de El Corte Inglés. Su madre lo había estado intentando y, al estar todos los días completos para hacer el reparto domiciliario, no pudo finalizar la compra. Alejandro lo consiguió, aunque para ello tuvo que conectarse pasadas las 12 de la noche.

14 días

Las llamadas de familiares y amigos se sucedían con el transcurso de los días. Y una de ellas fue la del exmarido de Marina, del que estaba divorciada hacía años. Mantenía una
relación cordial y de respeto mutuo con él, ya que solían
hablar del hijo de ambos. Le preguntó cómo se encontraba y
Marina le dijo que bien, dadas las circunstancias. Le explicó
que estaba confinada con su madre, a quien su exmarido
tenía aprecio, y el afecto era mutuo. Ellos también estaban
bien —el ex tenía nueva pareja desde hacía tiempo y se había
vuelto a casar—.

Por lo demás, aquel día transcurrió tranquilo. Marina
procuraba animar a su madre a que caminara un poco por la
casa para evitar en lo posible que se le hincharan los tobillos.

15 días

Adriana no se había levantado muy animada. Se esforzó para caminar e hizo un poco de bicicleta, pero se quedó muy cansada, según le comunicó a su hija. No quiso vestirse y pasó el día con el camisón y la bata. Algunas veces era como quería estar.

Marina estuvo hablando por teléfono con una amiga y también hizo una videollamada en la que participaron sus hermanas y su hijo. Afortunadamente, todos estaban bien.

16 días

Madre e hija seguían compartiendo momentos de la mejor manera posible, y en aquella ocasión en que Adriana recordaba su infancia, habían explorado momentos de otros tiempos y otras circunstancias. Adriana le decía a su hija que ella había tenido una infancia feliz, con unos padres que se querían y unas hermanas que estaban unidas. No les faltaba de nada en aquellos años. Corría la década de los años 40 y la familia, que vivía holgadamente en una bonita casa unifamiliar en las entonces afueras de Santiago de Compostela, podía permitirse el lujo de tener personas a su servicio, como cocinera y limpiadora… La propiedad con los hermanos de la madre de Adriana de un hotel y el sueldo del padre como administrador de un banco hacían posible que ella y sus hermanas, además, acudieran a estudiar a un buen colegio de monjas, donde permanecían todo el día.

—Tu abuela —le había dicho Adriana a su hija— solía asistir cada semana a las reuniones de unas cuantas señoras en casa de dos hermanas que vivían con una sobrina. Tenían un grupo de amistades con quienes compartía muchas tardes alrededor de una mesa camilla donde las visitas, como se decía antes, se reunían y merendaban mientras charlaban y chismorreaban, al tiempo que cosían o hacían calceta.

Marina Quiroga recordó su propia infancia, tan distinta de la que había tenido su madre. Ella había tenido que vivir, junto con su hermana, en la casa de sus abuelos, en Madrid, adonde se había trasladado la familia desde Galicia. Entonces ya no había tanta bonanza económica. Corrían los años

50 y el abuelo había muerto pronto, dejando a la abuela sola para asumir el gobierno de una casa, con sus nietas incluidas, ya que el resto de la familia tenía que salir a trabajar. "Hay que ver como apenas con unos años de diferencia las cosas pueden cambiar tanto», pensaba. Pero la situación era el resultado de una dura posguerra que se arrastraba sobre aquellos años inciertos, provocando que, de una situación económica buena, los últimos negocios del abuelo hubieran fracasado, con el consiguiente deterioro de la estabilidad financiera y familiar.

17 días

Adriana se levantó más tarde de lo habitual. Le dolía el hombro, lo tenía mal desde hacía tiempo y a veces le molestaba. Aquel brazo tenía su propia historia, y no había solo una razón para su mal estado: por un lado, al nacer, la comadrona la había sacado del vientre de su madre estirándole del brazo, dejándole secuelas para toda la vida en aquel hombro dislocado; por otro lado, un accidente en su adolescencia, cuando montaba una tarde de verano en bicicleta por el campo con el padre de Marina, pasando sobre un puente, tropezó y dio un resbalón que la catapultó por el puente abajo. Tales circunstancias no favorecían que sus huesos volvieran a la normalidad.

—Creí que me iba a morir y, mientras caía, me iba agarrando con las manos de los matorrales y la hiedra que colgaban del puente como podía al tiempo que le iba pidiendo a la Virgen del Perpetuo Socorro que, si me salvaba la vida, a la primera hija que tuviera le pondría ese nombre —le había explicado su madre a Marina.

Finalmente salvó la vida, aunque quedó muy maltrecha, con rotura en costillas y esternón, y el brazo otra vez tocado. Cuando le explicó al que sería el padre de Marina su petición a la Virgen, dio lugar a que se cumpliera la promesa dada, ya que entre los nombres con que fue bautizada la primera hija estuvo el de la Virgen salvadora.

Por la noche, la madre e hija, sentadas ante el televisor, se dispusieron a ver una nueva serie de Netflix llamada *Los últimos zares*, la historia de la familia Romanov por capítulos, desde el casamiento de Nicolás II con la alemana Alexandra hasta su coronación, haciendo un repaso a sus vidas y a todos los errores que, según la película, basada en hechos reales, cometieron desde su llegada al poder en Rusia. La serie mostraba, en los diferentes episodios, cómo aquel zar que creía que su poder absoluto emanaba directamente de Dios no conocía la auténtica realidad del pueblo que gobernaba y se encontraba anclado en unos privilegios y una forma de ver la vida que no correspondía a los profundos cambios que los rusos necesitaban. Ciego a las transformaciones industriales que su país pedía en aquellos primeros años del siglo XX, que hubieran requerido una mayor participación del pueblo, el zar Nicolás II se había parapetado detrás de su familia, según mostraba aquella serie, incapaz de conocer lo que estaba fraguándose en su país.

18 días

Según habían dicho las noticias, el Gobierno central había tomado medidas económicas mediante las cuales las pymes y trabajadores tendrían ayudas mientras durara el estado de alarma.

Marina miró por la ventana una vez más. No salía más que a bajar la basura. El confinamiento continuaba y no se veía a nadie por la calle. Solo algunos coches y algún autobús vacío circulaban.

Por su parte, el Govern de la Generalitat anunció que las personas mayores de 80 años con patologías diversas y con el coronavirus era mejor que se quedaran en casa y no fueran trasladadas al hospital. A Marina no le gustó esa medida, pues pensaba que habría gente mayor que necesitaría cuidades especiales.

En general, la situación seguía siendo triste. Las noticias de los diferentes canales de televisión no dejaban de informar sobre los muertos diarios, los números crecientes de contagiados, los ingresos en las ucis de los diferentes hospitales... El panorama era desalentador, a pesar de los casos en los que hacían hincapié los informativos cuando se daba de alta a los enfermos porque habían superado la enfermedad.

19 días

Las medidas económicas del Gobierno asustaron a Adriana. Ella tenía un pequeño capital ahorrado después de muchos años de trabajo y de esfuerzos de su marido. Tuvo un poco de bajón anímico y le comentó a su hija que no se fiaba del Gobierno, no fuera que hicieran un corralito como había pasado hacía años en Argentina, cuando se quedaron con los ahorros de la gente. Adriana estuvo llorando porque había oído en la televisión que Pablo Iglesias, vicepresidente del Gobierno y líder de la oposición por su partido Unidas Podemos, podía aplicar un artículo de la Constitución que la asustaba. Marina creyó que se refería quizás al artículo 128, que decía que toda la riqueza del país en sus distintas formas y, fuera cual fuere su titularidad, estaba subordinada al interés general. Adriana, desde su particular visión, creía posible que el Gobierno pudiera quedarse con el dinero que tanto le había costado ganar al padre de Marina, tristemente fallecido todavía hacía poco, que había sido un trabajador incansable desde su despacho de abogado para sacar adelante a su familia.

Marina Quiroga estuvo toda la tarde pintando otro cuadro. En esos momentos podía evadirse un poco de cuanto la rodeaba y se sentía a gusto manejando los colores de la pintura acrílica con los que experimentaba. Por lo demás, las noticias seguían hablando de las residencias de ancianos —donde cada día morían más viejitos—, nuevo número de muertes diarias por coronavirus en toda España, falta de equipamientos sanitarios, y ese día, sobre todo, se hablaba de la polémica sobre el hospital que el ejército estaba montando en Sabadell. Al parecer, la Generalitat de Catalunya había dicho que no quería tiendas de campaña, sino paneles para separar a los enfermos. Una parte de la opinión pública corroboraba que la Generalitat había dicho eso porque no quería que el ejército español construyera ese hospital, y la alcaldesa de Sabadell salió llorando en la televisión diciendo que se necesitaba ese hospital. Al parecer, las últimas informaciones venían a decir que se habían quitado las tiendas de campaña, pero que el hospital seguiría construyéndose con los paneles.

20 días

De nuevo, las noticias seguían siendo malas. Mirar la televisión y estar a la expectativa de lo que informaban sobre la pandemia, tan extendida por Europa y América, se convirtió en una especie de ritual que era mejor seguir para poder dar sentido al confinamiento. Todo se estaba volviendo hacia dimensiones desconocidas a pesar de los esfuerzos del Gobierno por intentar controlarlo todo.

Las calles seguían desiertas y, dada la situación, madre e hija procuraban pasar el día a día lo más tranquilas posible. Además, Alejandro le envió un wasap a su madre, Marina, con un enlace a un artículo con un título que decía: «Aceptémoslo, el estilo de vida que conocíamos no va a volver nunca». Era interesante lo que decía, ya que, según el autor que lo firmaba, un tal Gideon Lichfield, completamente desconocido para Marina, todos tendrían que acostumbrarse a la nueva situación. «Debemos cambiar drásticamente nuestra forma de hacer casi todo lo que hacemos, ya que las naciones —decía— deben imponer el alejamiento social para frenar la propagación del virus».

21 días

Por la mañana llegó un pedido de productos del supermercado de El Corte Inglés. Hacía 15 días que Marina había hecho la petición de un montón de productos por medio de la compra *online* y no habían podido servirlos hasta entonces por encontrarse saturado el servicio a domicilio. Adriana miraba a su hija trajinar en la cocina limpiando uno por uno los diferentes productos con agua y lejía. Se suponía que de esta manera se procedía a su desinfección.

Alejandro, hablando por teléfono con su madre por la noche, le había dicho que durante la tarde él y su novia, Lidia, estuvieron conectándose por Skype con unos amigos para hacer una partida de algún juego mediante una videollamada.

Adriana estuvo tranquila todo el día.

22 días

Marina dedicó aquella jornada a acabar de pintar el segundo cuadro del confinamiento. A Adriana le había gustado y le dijo que tenía mucho colorido. «Pero, claro —pensaba Marina—, qué va a decir una madre…».

Por lo demás, pasaron el día tranquilamente viendo series de Netflix por la televisión y hablaron con el resto de la familia por videollamada.

La cocina había ocupado el resto del día de Marina, y se había dedicado a hacer un guiso de carne con verduras y patatas que había sido del gusto de su madre.

23 días

Después de hacer treinta minutos matutinos de bicicleta estática, Marina se sentó al sol un rato. Los rayos entraban por la ventana del dormitorio que daba a la parte de atrás de la casa. Hacía un día estupendo y la primavera empezaba a notarse en las hojas verdes que comenzaban a salir en los árboles. La luz del día ya era clara, deslumbrante, y se notaba su resplandor iluminando los rincones de las habitaciones.

Durante la mañana, Adriana se dedicó, durante un buen rato, a poner las diferentes pastillas prescritas por los médicos en su pastillero, ya que requerían reponerse semanalmente. Pastillas para el colesterol, Sintrom, para la diabetes, el corazón, diuréticos, vitaminas…

A veces, Marina temía que su madre se equivocara y pusiera una pastilla por otra, pero si le decía a Adriana que si se aclaraba, esta siempre le contestaba que sí y que no la tomara por tonta.

24 días

Adriana se despertó tarde aquella mañana. Había dormido mal, según le dijo a su hija, y cuando se levantó para ir al lavabo, durante la noche, se había tenido que apoyar en la pared del pasillo que llevaba al lavabo porque tenía miedo de caerse. En una ocasión se había caído en una situación similar y se había hecho daño en la parte baja de la espalda, lo que le produjo unos dolores que tardó mucho en aliviar, necesitando una inyección en la zona para evitar más molestias.

Al mediodía, en las noticias, las cifras de muertes y contagios por coronavirus seguían en un goteo interminable. En algunos programas se explicaban las medidas del Gobierno, pero en otros se le criticaba y no estaban de acuerdo con las decisiones tomadas. Se hablaba de la falta de eficacia para comprar material sanitario necesario para equipar a médicos y enfermeras, que a diario tenían que estar en estrecho contacto con los infectados por el virus en los hospitales.

25 días

Mientras la madre dormía, Marina estuvo limpiando la casa. Ya habían dado las 12 del mediodía cuando Adriana se levantó. El largo y amplio pasillo que recorría todo el recinto daba por un lado a la Diagonal y, por otro, a un patio interior grande donde un sinfín de casas se asomaban a un espacio abierto, a veces con árboles, o con garajes o patios de colegio o instalaciones deportivas.

Por la tarde dibujó una lámina donde estuvo mezclando colores hasta conseguir el gris metálico, básicamente. Adriana, por su parte, estuvo un rato escuchando música en el ordenador; ella disfrutaba viendo vídeos musicales que a menudo le enviaba por correo Antonio, su hermano pequeño. Desde que se jubiló, Antonio vivía en la Sierra de Madrid, donde tenía una existencia tranquila lejos del ruido de la capital. Allí disfrutaba de la compañía de sus perros. Uno de ellos, un cachorro muy vigoroso, se lo acababan de llevar a su casa desde Alicante, pocos días antes de declararse el estado de alarma.

26 días

El día estuvo soleado y los rayos se filtraban por las habitaciones iluminando rincones, muebles y paredes. Decidieron abrir las ventanas de par en par un rato y madre e hija se sentaron al sol. Pero Adriana no tuvo un buen día, no se encontraba bien y le decía a su hija que no tenía clara la cabeza, que no podía exponerse al sol porque la aturdía. La hija, entonces, le había tomado la tensión y la tenía muy baja. Eso le pasaba a veces, y en otras ocasiones, al comer y descansar, lograba reponerse un poco.

Las conversaciones por el móvil ocuparon buena parte de la tarde. Marina estuvo hablando por teléfono con una amiga, su hijo y sus hermanas. Pero sus pensamientos la distraían de vez en cuando. Se planteaba que la muerte era ahora la protagonista de las noticias, una muerte que inundaba los hospitales con su largo manto sombrío, donde médicos y enfermeras y el resto del personal sanitario luchaban a diario para mantenerla a raya. Parecía como si la gente, de repente, se hubiera topado con algo que, aun sabiendo que siempre está ahí al acecho, te podía asaltar en cualquier momento para propinar su tremendo zarpazo a la vida y acabar con ella cuando menos se la esperaba.

27 días

Adriana y Marina iban poco a poco acostumbrándose a aquella situación. Había llegado el Viernes Santo, ya estaban en la Semana Santa y en la televisión las noticias avisaban de que había controles de la policía y guardias de tráfico en las carreteras y autopistas. Los controles pretendían que a aquella gente a la que se le hubiera ocurrido coger el coche para trasladarse a su segunda residencia no les fuera posible llegar hasta ella. Se trataba de impedir los desplazamientos y evitar la movilidad lo máximo posible. Los medios de comunicación advertían continuamente de que la gente se quedara en casa. Además, el Gobierno había anunciado que, después de la Semana Santa, las personas que trabajaban en servicios no esenciales podían volver a la oficina, aunque mucha gente seguiría trabajando desde casa con el teletrabajo. También se dijo que se repartirían mascarillas en el transporte público y que se recomendaba su uso, así como se garantizaría su suministro. Hasta aquel momento no se podían comprar porque se habían agotado y ni en farmacias ni supermercados se encontraban disponibles.

Con motivo de la Semana Santa, los distintos canales de televisión emitieron películas típicas de aquella celebración. De nuevo, *Ben-Hur*, *Moisés*, *Rey de reyes* y tantas otras pudieron verse. Marina Quiroga ya las había visto de niña en el cine. Con los años, la televisión las recuperó para ir poniéndolas cada Semana Santa, muy emblemáticas, a pesar de ser consideradas en aquel momento como de las antiguas, ya que habían sido rodadas allá por finales de los años 50.

28, 29, 30 días

Las noticias siguieron diciendo que se garantizaría el suministro de mascarillas a partir de la semana siguiente. Cuando aquel día bajó la basura, Marina se dirigió a una panadería cercana, donde pudo comprar pan y cruasanes. Después de cuatro semanas de confinamiento, sería la primera vez que volverían a desayunar algo que les apetecía tanto. Pero en general pasaron un día tranquilo. Era sábado y pudieron ver varios capítulos de la serie *Doctor en los Alpes*, que pasaban en la televisión por el canal Nova.

El domingo fue también un día sosegado que transcurrió apaciblemente para madre e hija. Viendo películas, hablando por teléfono… Apenas siguiendo las noticias del coronavirus, solo escuchando un poco la comparecencia del presidente del Gobierno, Pedro Sánchez, por la televisión al mediodía.

El lunes, Marina se despertó temprano. Llovía. Y le gustó ver por la ventana cómo caían las gotas de agua chocando con los cristales. Pensó entonces que, si tenía que quedarse en casa, prefería que lloviese a que hiciera un sol espléndido. Se encontraba así más a gusto con la situación de encierro. Además, aprovecharía el día para leer y para pintar un poco, un pequeño paisaje en tonos verdes con olivos.

Los días que siguieron

Había días en que a Marina le costaba concentrarse para emprender las cosas del día a día. En esos momentos le costaba leer, no pintaba nada y ni siquiera le apetecía cocinar. En cambio, había otros días en los que le faltaba tiempo para hacer todo lo que quería. Incluso los pedidos que a través de Internet hacía al supermercado para que se los trajeran a casa suponían una rutina ya asumida. En una situación normal, Marina solía ir personalmente a comprar, pero con la pandemia le resultaba más seguro que le llevaran los productos elegidos a casa y dejaran las bolsas a la entrada. Después era ya un ritual limpiar con agua y lejía cada cosa, para desinfectarla, antes de guardarla en la nevera o en las estanterías de los armarios de la cocina.

Madre e hija, alguna vez, se habían puesto a cocinar un bizcocho que les duraba algunos días para desayunar. Pero era Marina quien seguía preparando comidas y cenas, procurando hacer menús que le gustaran a su madre.

Las llamadas telefónicas también eran parte importante de las pequeñas actividades del día. Una amiga que tenía que ir a trabajar a la oficina le envió por WhatsApp una foto del vagón de metro en el que regresaba del trabajo aquel día: apenas con gente, y los que iban, separados entre sí y con mascarilla.

Alejandro seguía trabajando desde su casa y a ratos libres, y para distraerse un poco se ponía en la cocina con su novia a cocinar, experimentando con recetas para hacer pan y bizcochos. También Carlos, el cuñado de Marina, marido de su hermana María, teletrabajaba todo el día y apenas podía salir en las videollamadas familiares.

En cuanto a las noticias, se debatía en el Gobierno si los jóvenes estudiantes debían tener o no aprobado general. También Sánchez e Iglesias, presidente y vicepresidente, respectivamente, habían expuesto su voluntad de poner en marcha una renta mínima para las personas más desfavorecidas económicamente. Aunque a través de las redes sociales opiniones diversas atacaban al Gobierno y a su gestión de la pandemia.

El jueves de aquella semana, un repartidor llevó a la casa un tinte de pelo para Marina que le había encargado su hermana María. Después de leer las instrucciones, se pasó la mañana tiñéndose el pelo, cosa que no había hecho nunca, pues solía ir a la peluquería. Pero como no se podía ir porque estaban cerradas, no quedaba otro remedio.

Marina Quiroga seguía con sus clases *online* de inglés. El curso había empezado meses antes presencialmente, pero con el confinamiento la academia había cerrado y los alumnos se conectaban vía Zoom con la profesora, todos los martes y los jueves, para seguir las clases virtuales desde el ordenador de cada casa.

Ya hacia el final de aquella semana, Adriana y Marina encargaron a través de la venta *online* un ramo de rosas blancas para María, hija y hermana, respectivamente. Era su cumpleaños el 18 de abril y, como no podían celebrarlo en familia como habían hecho siempre, le llegaría a su casa un ramo de flores.

En cuanto a las últimas noticias sobre el coronavirus, se hablaba en aquel momento de cuándo podrían salir los niños a la calle, de la renta mínima a los más necesitados y, sobre todo, del lío monumental que había a la hora de hacer el recuento de los muertos en España. Se apuntaba a Catalunya como responsable del desajuste de datos debido a la incoherencia en las cifras de muertes que había dado hasta ese momento.

El día de la celebración del cumpleaños de María, Adriana estuvo rara toda la mañana. Habían felicitado a María, que estaba triste porque se acordaba de su padre, que había muerto hacía apenas un año y tres meses. El padre solía escribir unas cariñosas cartas dirigidas a cada miembro de la familia, y el día de la celebración de cumpleaños las leía en voz alta al finalizar la comida familiar. En ellas, siempre deseaba lo mejor a su mujer, sus hijas, su nieto, y les decía que los quería y que querría que todo les fuera bien en la vida.

El aniversario de María acabó con una videollamada familiar en donde la familia le cantó el *Cumpleaños feliz* a través del móvil mientras ella y su marido, Carlos, mostraban la imagen de una tarta que habían hecho y sobre la que habían colocado las velas.

Otra semana más de confinamiento

Las últimas noticias sobre el coronavirus empezaron a ser tímidamente más alentadoras porque el número de muertos era un poco inferior a días anteriores. Pedro Sánchez y Pablo Casado, líder de la oposición y miembro del Partido Popular, de la derecha, se habían reunido en una videoconferencia para valorar cómo se iba a producir la vuelta escalonada a la normalidad después del confinamiento. Acordaron que los niños podrían salir a la calle a dar un paseo acompañados de un adulto y con mascarillas a partir del 26 de abril.

Pero hubo polémica con ese tema, ya que los niños solo podían salir para ir al supermercado o la farmacia, pero no para ir al parque.

Aquella semana le tocó el turno de celebrar su cumpleaños a Adriana, que cumplía años el mismo día de la celebración de Sant Jordi, el Día de los Libros y las Rosas en Catalunya, una bonita celebración muy popular y emblemática. Por ese motivo, aquella mañana Adriana y Marina habían cocinado un bizcocho, de manera que, cuando hicieran la videollamada con el resto de la familia, Adriana podría soplar la vela que su hija había colocado encima. Pero el ánimo de Adriana estaba bajo, ya que recordaba a su marido y notaba mucho su ausencia.

Llegado el día del cumpleaños de Adriana, esta se vistió con un bonito jersey, se pintó un poco los ojos y los labios, y se puso pendientes y collar. Para cuando hicieron la videollamada, madre e hija se encontraban ante el bizcocho con una vela encendida. Adriana estaba guapa, a pesar de todo.

Y Alejandro le había llevado a casa una rosa a cada una, pues era el día de Sant Jordi y la tradición establecía que los hombres de una familia les regalaran rosas a las mujeres, y estas a su vez regalaban un libro a los hombres. Con la pandemia, las calles de Barcelona, otros años llenas de gente a rebosar que paseaba viendo las paradas de libros y flores instaladas en las calles, en un ambiente festivo y popular, no pudieron vivir la celebración, ya que el confinamiento no permitía que la gente se reuniera.

El domingo de aquella semana, Marina Quiroga, al asomarse a la ventana, pudo ver por la calle a algunos padres llevando de la mano a sus hijos. Una imagen novedosa que no se veía hacía tiempo. Se trataba del primer día en que el Gobierno había dicho que los niños podían salir a la calle.

Más días

Tantos días confinados y Adriana y su hija seguían con sus rutinas de una manera tranquila, asumiéndolas sin angustiarse demasiado por la situación de aislamiento, porque sabían que casi todo el mundo estaba igual, y eso las consolaba. Se decían a sí mismas que aquella realidad era la que vivían el resto de sus vecinos, familiares, amigos… Entonces, permanecer en casa sin salir era algo que aceptaban sin demasiados quebraderos de cabeza. Conocer y saber que aquella situación de pandemia y confinamiento era común a todos les hacía los días más llevaderos, como si el hecho de que una desgracia como aquella fuera común para todas las personas que conocían, de su entorno, su ciudad, su país, otros países, justificara la resignación que se había hecho habitual en la cotidianeidad.

Las noticias informaban, a 27 de abril, de que los niños podían salir a la calle a pasear una hora con sus padres, según las últimas disposiciones que había aprobado el Gobierno. Pero la televisión también decía que en muchos sitios no se había respetado la distancia de dos metros y que la gente se había relajado demasiado, lo que, según informaban las noticias, podría ser peligroso y provocar un repunte de la enfermedad.

También madre e hija escucharon en la televisión que se estaban empezando a contabilizar menos muertes por coronavirus. Pedro Sánchez anunció poco antes de acabar el mes de abril que el estado de alarma seguía vigente y que hasta finales del mes de junio no sería efectiva la desescalada del confinamiento.

El hijo de Marina, por su parte, seguía teletrabajando en el piso que compartía con su novia. Pero cuando conversaban madre e hijo del tema de su trabajo, este le había dicho que él creía que, cuando le tocara jubilarse, seguramente no podría cobrar una pensión. No era optimista respecto a cómo sería la jubilación en el futuro. Y tenía 32 años…

Una desescalada en cuatro fases

A finales del mes de abril, Adriana y su hija pudieron escuchar en las noticias de la televisión que la desescalada del confinamiento se haría en cuatro fases, según anunció el Gobierno, y que el día 2 de mayo ya podrían salir a dar un paseo todas aquellas personas que se encontraran en la franja de edad de entre los 14 y los 70 años. El horario asignado era de 6 a 10 de la mañana.

Marina tenía que salir de la casa de Adriana para ir hasta la suya. Vivía a cuatro manzanas de su madre, por lo que estaba cerca. Pensó: «Tengo que acercarme a casa para recoger los papeles de mi renta del año pasado, mi libro de inglés, un par de zapatos cómodos, alguna camiseta de manga corta…». En las noticias del tiempo en la televisión habían anunciado que llegaba el calor, con temperaturas que se dispararían en toda España hasta casi los 30 grados.

Las videollamadas con la familia y los amigos seguían siendo las únicas relaciones sociales para madre e hija. Los temas de aquellas conversaciones solían ser más o menos los mismos: cómo se encontraban, qué tipo de mascarillas eran las más adecuadas, qué hacían, cuándo iban a poder ir a la peluquería…

Principios del mes de mayo

Como solía hacer a menudo, Marina Quiroga estuvo pintando un rato antes que se despertara su madre. En esos momentos podía concentrarse a su aire. Pero uno de esos días su hijo Alejandro le comunicó que había tenido que llevar a su gato al veterinario porque había orinado pis con sangre. Debido a la edad avanzada del animal, era necesario mantenerlo un par de días en observación en la clínica veterinaria antes de que le dieran el alta y pudiera volver para casa.

Ya de noche, aquel martes 6 de mayo, pudo contemplarse en el cielo una luna llena que Marina observó desde la ventana de su habitación como un bonito espectáculo. Las nubes deshilachadas que la rodeaban esparcidas como algodón completaban aquella visión nocturna. Pensó entonces en su hijo y en cómo le gustaría decirle tantas cosas… Alejandro teletrabajaba mucho, desde casa, pero no le explicaba muchas cosas a su madre, y, cuando esta le preguntaba cómo le iba, solía responderle que todo bien. Ella, por su parte, no sabía si sería verdad o si se lo decía para no preocuparla. Él vivía con su novia desde hacía apenas dos años y se querían casar en septiembre. Pero comenzaban a dudar de si podrían hacerlo aquel año de 2020.

Ya se notaba la primavera

Desde el principio del mes de mayo se había notado que había empezado el calor.

Marina Quiroga seguía con sus clases de inglés *online* y los días se le dilataban entre la lectura del libro que todavía no había terminado y sus quehaceres diarios. Pero no le apetecía demasiado leer y el libro que empezó al inicio del estado de alarma se le eternizaba entre las manos.

En los diferentes programas de televisión, Marina y su madre veían cómo se debatía si el país podía pasar a la fase 1 del confinamiento. Barcelona se quedaba en la fase 0, eso era lo que los responsables autonómicos habían decidido, ya que Cataluña tenía competencia exclusiva en el tema de la sanidad. Las imágenes que habían mostrado las diferentes cadenas televisivas habían mostrado, para el asombro de muchos, a montones de personas paseando por la Barceloneta y el paseo marítimo de la ciudad, algunas incluso sin mascarillas y muchas otras sin respetar la distancia de 2 metros. Por esta razón, la Ciudad Condal se quedaba sin pasar a la fase l.

Sábado 10 y domingo 11 de mayo

Marina se dirigió a su casa aquella mañana de sábado. Se encontraba a cuatro manzanas de distancia de la casa familiar y hacía dos meses que no iba. Una vez en su casa, Marina cogió su libro de inglés que necesitaba para las clases que martes y jueves hacía *online*, así como unos papeles para la renta, unas manoletinas, camisetas y unos pantalones tejanos.

A lo largo del día fue ejecutando todas las labores propias de casa, hablando con su madre y compartiendo con ella agradables momentos frente al televisor. Ya por la tarde, Marina Quiroga pudo hablar por medio de una una video llamada con un grupo de amigas.

El domingo, la televisión no dejaba de decir que el lunes 12 empezaría la desescalada del estado de alarma para diferentes comunidades autónomas, las que habían contabilizado menor número de muertos los últimos días. Al parecer, Madrid y Barcelona continuarían en la fase 0. Se prorrogaba el confinamiento 15 días más, pero Pedro Sánchez, el presidente del Gobierno, ya hablaba de que, según la evolución de la curva de contagios y de muertos, el confinamiento podría prorrogarse otros 15 días.

A partir del 12 de mayo hasta el 23 de mayo

En la videollamada familiar de aquel 12 de mayo, María, la hermana pequeña de Marina, estaba especialmente sensible. Al parecer, su perrita respiraba mal y, cuando se quedaba dormida, roncaba y parecía que le faltaba el aire. Eso había puesto nerviosa a María, que quería a su mascota casi como si de un hijo se tratase. Pero también el otro perrito, el que tenía la otra hermana, Luisa, se encontraba decaído, según había dicho en la videollamada. Ambos tenían que ir al veterinario.

Los días siguientes, Marina Quiroga los pasó ya en su casa. Se fue para allí para encargarse ella de su mascota, a la que su hijo Alejandro había llevado después de la visita al veterinario y al considerar que el estado del animal podría mejorar al volver a estar con su dueña en el entorno conocido de su casa. Desde entonces, fue Luisa, una de las hermanas, la que se quedó con Adriana.

Marina pudo ver a su gato, que la reconoció inmediatamente. Estaba más delgado y con las pupilas dilatadas todavía por el tratamiento de la clínica veterinaria. Poco a poco reaccionó a las palabras de cariño que le decía su dueña. Tenía afeitada una parte del cuello, donde seguramente le habían pinchado, así como la barriga y una patita. Alejandro informó a Marina de que el veterinario le había dicho que en las pruebas que le habían hecho no se veían tumores, no tenía huesos rotos —aunque estaban desgastados—, lo normal para su edad, pero tenía pocos glóbulos blancos en un primer análisis, aunque después, en un segundo análisis, se comprobó que le habían aumentado.

La primera noche que el gatito estuvo de nuevo en casa con Marina, estuvo muy inquieto. Habían pasado dos meses en que habían estado confinados cada uno por separado y, a pesar de que el animal había sido cuidado por el hijo de Marina y su novia, se hacía obligado el reencuentro. Su recuperación fue poco a poco evidenciándose, aunque dormía casi todo el día y marchaba a ratos por la casa moviendo su cuerpo lentamente; se apreciaba que sus huesos ya habían envejecido.

El 23 de mayo, Pedro Sánchez anunció por la televisión que Barcelona y Madrid, a partir de aquel próximo lunes, pasarían a la fase 1 de la desescalada del confinamiento del estado de alarma por el coronavirus. Marina, mientras, solo salía a caminar un poco por las mañanas, a la farmacia, al súper y a tirar la basura.

Índice